Olivier Mitta de Bodo

Le résilientialisme est une philosophie de vie

Olivier Mitta de Bodo

Le résilientialisme est une philosophie de vie

Dialogues, paraboles, poèmes, contes et sketchs

Éditions Muse

Cover image: www.ingimage.com

Publisher:
Éditions Muse
is a trademark of
International Book Market Service Ltd., member of OmniScriptum Publishing Group
17 Meldrum Street, Beau Bassin 71504, Mauritius
Printed at: see last page
ISBN: 978-620-2-29792-9

Olivier Mitta de Bodo

Le résilientialisme est une philosophie de vie

Dialogues, paraboles, poèmes, contes et sketchs

La vie, les activités et les actions des hommes et femmes de toutes les ethnies, les religions et les orientations sexuelles seront de temps à autre considérablement marquées et fortement dérangées par des périodes de crises, de conjonctures et de convalescences sanitaires, économiques et sociales.

Il faut s'attendre à vivre avec, à endurer et à supporter ces périodes de crises, de conjonctures et de convalescences sanitaires, économiques et sociales.

Il faut être soigneusement, sérieusement et pratiquement préparé pour vaincre et pour surmonter ces périodes de crises, de conjonctures et de convalescences sanitaires, économiques et sociales.

Pour y parvenir, il faut absolument et nécessairement chercher, trouver et posséder une manière de réfléchir, de se comporter et d'agir forte et dynamique, intelligente et sage, courageuse et vertueuse.

Cette manière de réfléchir, de se comporter et d'agir doit être gouvernée par le résilientialisme. Au commencement de toutes choses était le résilientialisme et le résilientialisme était le moteur de la création et de la réalisation de toutes choses et toutes choses ont été faites par et avec le résilientialisme.

Ce livre s'appuie sur des formes littéraires que sont le dialogue, la parabole, le poème, le conte et le sketch et est divisé en quatre parties :

Première Partie : Le concept de résilientialisme

Deuxième Partie : Le résilientialisme est un humanisme

Troisième Partie : Le résilientialisme socioprofessionnel

Quatrième Partie : Le résilientialisme des classes sociales

Cinquième Partie : Le résilientialisme environnemental

Première Partie

Le concept de résilientialisme

Le dialogue,, la parabole, le poème, le conte et le sketch qui permettent de mieux exposer et comprendre le résilientialisme.

1. Dialogue

Simon

Bonjour Aminata, comment vas-tu ? Comment vont les membres de ta famille ? Comment vont tes activités ?

Aminata

Bonjour Simon, je vais mieux, ainsi que les membres de ma famille. Permets-moi de t'avouer que la vie est devenue très pénible et très difficile.

Simon

Tu as profondément raison. Notre société traverse une crise sanitaire, économique et sociale terrible.

Aminata

Nos vies, nos activités et nos actions sont très marquées par des moments difficiles et des échecs majeurs.

Simon

Nos destins et nos destinées n'ont plus de sens. Ils sont déstabilises, paralyses et bloques par des problèmes, des difficultés, des obstacles et des barrières de toutes sortes.

Aminata

Nos destins et nos destinées subissent des catastrophes sanitaires, économiques et sociales lourdes et dangereuses.

Simon

Face à ces situations et à ces catastrophes lourdes et écrasantes, nous ne devons pas être les disciples du fanatisme, de la fainéantise et du dogmatisme quelconque.

Aminata

Nous ne devons jamais au grand jamais nous laisser gravement écraser par toutes ces souffrances que nous voyons, nous vivons et nous endurons quotidiennement..

Simon

Dans de telles situations et de telles circonstances extrêmement difficiles à supporter, il faut avoir un état d'esprit remarquable.

Aminata

Cet état d'esprit remarquable, capable de supporter et de surmonter toutes les épreuves de la vie s'appelle le résilientialisme.

Simon

Le résilientialisme est une philosophie de vie qui nous apprend et nous indique que quelques soient les situations et les circonstances graves, il faut faire preuve d'intelligence, de sagesse, de sagacité, de courage, de dignité et de dynamisme.

Aminata

C'est le résilientialisme des hommes et des femmes de toutes les ethnies, de toutes les religions et de toutes les orientations sexuelles qui sauvera notre société des apocalypses sanitaires, économiques et sociaux.

Simon

Le résilientialisme est une philosophie de vie qui gouverne et gouvernera le cœur, l'âme, l'esprit et les forces des hommes et des femmes de toutes les ethnies, de toutes les religions et de toutes les orientations sexuelles.

Aminata

Hommes et femmes de toutes les ethnies, de toutes les religions et de toutes les orientations sexuelles, apprenez à vos enfants le résilientialisme et aider vos enfants à aimer le résilientialisme. Ils feront des choses honorables et vous honoreront en tout temps, en tout lieu et en toute circonstance.

Simon

Le résilientialisme est une philosophie de vie vertueuse, compétitive,, efficace et durable dans le temps et dans l'espace.

Aminata

Nous avons eu un dialogue fécond et constructif. Je te souhaite une merveilleuse journée. Au revoir.

Simon

Je suis pleinement satisfait de ce riche dialogue. Au revoir et prochainement.

2. Parabole

Un père de famille avait quatre enfants qu'ils aimaient beaucoup. Par expérience, ce père de famille savait que la vie sera de plus en plus remplie des problèmes et des difficultés énormes. Il décida d'apprendre et de faire aimer le résilientialisme à ses enfants.

Le premier enfant apprit et aima le résilientialisme avec un cœur, une âme et un esprit rêveurs. Quelques temps plus tard, il négligea, oublia et abandonna le résilientialisme.

Le deuxième enfant apprit et aima le résilientialisme avec un cœur, une âme et un esprit sérieusement marqués par la dépression et le stress. Quelques temps plus tard, les inquiétudes, les soucis et les difficultés de la vie quotidienne le poussèrent à sombrer dans le fatalisme aigue et chronique.

Le troisième enfant apprit et aima le résilientialisme avec un cœur, une âme et un esprit incrédules. Quelques temps plus tard, lorsqu'il fut confronté à des épreuves de toutes sortes, il eut très peur.

Le quatrième enfant apprit et aima le résilientialisme de tout son cœur, de toute son âme, de tout son esprit et de toutes ses forces. Cet enfant fit du résilientialisme une philosophie de vie et réalisa des choses magnifiques et extraordinaires. Cet enfant fit la promotion du résilientialisme dans sa localité et dans sa société et devint un modèle impeccable pour les hommes et les femmes de toutes les ethnies, de toutes les religions et de toutes les orientations sexuelles.

3. Poème

Résilientialisme, oui résilientialisme, tu es une philosophie de vie des croyants et des athées, des hommes et des femmes de toutes les ethnies, de toutes les religions et de toutes les orientations sexuelles.

Résilientialisme, oui resilientialisme tu es une manière de réfléchir, de se comporter et d'agir qui refuse de croupir lamentablement sous le poids des crises, des problèmes et des difficultés de toutes sortes.

Tu n'acceptes pas qu'il y ait des forces surnaturelles qui déterminent inéluctablement et nécessairement le cours des événements et des choses dans la vie des hommes et des femmes de toutes les ethnies, de toutes les religions et de toutes les orientations sexuelles.

Résilientialisme, oui résilientialisme tu apprends aux hommes et aux femmes de toutes les ethnies, de toutes les religions et de toutes les orientations sexuelles à devenir les maîtres, les architectes et les possesseurs de leur destin et de leur destinée sanitaires,, économiques, sociaux.

Tu apprends aux hommes et aux femmes de toutes les ethnies, de toutes les religions et de toutes les orientations sexuelles à avoir faim et soif de savoir, de savoir-vivre, de savoir-être, de savoir-échanger et d'esprit de discernement, d'esprit de responsabilité, d'esprit de participation, d'esprit d'engagement et d'esprit de solidarité en tout temps, en tout lieu et en toute circonstance.

Résilientialisme tu affirmes et tu confirmes que l'amour, l'humilité, la foi et la persévérance sont le moteur de la vie, des activités et des actions nobles, efficaces et durable.

4. Conte

Il était une fois, dans une localité, vivaient plusieurs tribus. La tribu des fatalistes était composée des hommes et des femmes qui croyaient aux forces surnaturelles qui déterminent le cours de leur vie. La tribu des disciples de la prédestination composée des hommes et des femmes qui croient en une glorieuse élection céleste et terrestre et à une vie paisible et riche. La tribu des résilientialistes qui croient que tout est possible avec une grande et dynamique manière de réfléchir, de se comporter et d'agir.

Les hommes et les femmes de la tribu des fatalistes attendirent en vain des heures, des jours, des semaines et des mois des forces surnaturelles qui devraient leur inspirer ce qu'il faut faire et leur aider à subvenir à leurs besoins. Ce fut une déception incommensurable dans cette tribu et il y eu des pleurs et des lamentations de toutes sortes.

Les hommes et les femmes qui croient en la prédestination des choses et de la nourriture croyaient que tout se trouve facilement, sans efforts et sans sacrifices. Ce fut chaque heure, jour, semaine et mois des déceptions déplorables. Il y eut des cris et des gémissements de toutes sortes.

Les hommes et les femmes qui avaient le résilientialisme comme philosophie de vie, prirent individuellement et collectivement conscience que la terre de leur localité était propice à l'agriculture et riche en eau. Ils se mirent à cultiver la terre et à creuser les puits dans toute la localité malgré le peu de moyens dont ils disposaient et les efforts inestimables qu'il fallait pour y arriver. Une année plus tard, grâce au resilientialisme des hommes et des femmes de cette tribu, la localité atteignit son autosuffisance alimentaire et il y avait des puits d'eau partout.

Les fatalistes et les disciples de la prédestination se rendirent compte qu'ils étaient les esclaves des croyances et les prisonniers des idées idiotes. Ils décidèrent de se convertir au résilientialisme. Apres cette conversion, ils devinrent des hommes et des femmes possédant une manière de réfléchir, de se comporter et d'agir libre, dynamique et pleine d'initiative et de créativité.

5. Sketch

(Jean, Achta, Pierre, Célestine, Hassane et Marie débattent sur le concept de résilientialisme)

Jean

Que se passe t-il ? Je ne perçois rien et je ne comprends rien. Nos vies, nos activités et nos actions sont perturbées et tourmentées par une crise sanitaire, économique et sociale.

Achta

Nous connaissons, nous vivons, nous endurons et nous supportons une véritable crise sanitaire, économique et sociale. La vie est devenue une galère terrible et un chemin de croix épouvantable. La vie est devenue un enfer insupportable et inadmissible.

Pierre

Nos cœurs, nos âmes et nos esprits sont sérieusement marqués et troublés par les inquiétudes, les soucis, les tristesses et les lamentations de toutes natures. En vérité en vérité, la vie n'est pas un long fleuve tranquille.

Célestine

Les vicissitudes graves, les souffrances impitoyables, les exigences notoires, les obstacles gigantesques et les barrières insurmontables ont rendu la vie, les activités et les actions quotidiennes pénibles, infernales voire irréalisables.

Hassane

La maladie foudroyante, la catastrophe économique et sociale, le chômage partiel et total, la pauvreté primaire ou secondaire sont devenus des équations à plusieurs inconnues et difficiles à résoudre.

Marie

Que devons-nous connaitre ? Que devons-nous faire ? Que nous est-il permis d'espérer ? Les réponses à ces trois questions fondamentales que j'emprunte à Emmanuel Kant nous permettront de connaitre, de percevoir, de comprendre et de maîtriser notre destin et notre destinée dans cette période dramatique et dans cette zone de turbulence majeure.

Jean

La pertinente, efficace et durable réponse à ces questions fondamentales est : le résilientialisme est une philosophie de vie.

Achta

Tu as parfaitement raison. Au commencement de toutes choses était le résilientialisme et le résilientialisme était le moteur de la création et de la réalisation de toutes choses et toutes choses ont été faites par et avec le résilientialisme.

Pierre

Le résilientialisme c'est l'intelligence, la sagesse, la sagacité, le courage, la dignité et le dynamisme en tout temps, en tout lieu et en toute circonstance,

Célestine

Le résilientialisme c'est l'esprit de discernement, l'esprit de responsabilité, l'esprit de précaution, l'esprit d'engagement et l'esprit de solidarité en tout temps, en tout lieu et en toute circonstance.

Hassane

En vérité en vérité, le résilientialisme nous rend maître, architecte et possesseur de notre destin et de notre destinée.

Marie

Le résilientialisme est la lumière et l'énergie qui guident et motivent tout être humain qui vient dans ce monde, du berceau jusqu'au cercueil.

Jean

Le résilientialisme est une manière de réfléchir, de se comporter et d'agir pour vaincre et surmonter les problèmes, les difficultés, les obstacles et les barrières de toutes sortes.

Achta

Le résilientialisme, ma loi, ma foi et ma lumière. Voilà la devise magique qui doit gouverner la vie, les activités et les actions des hommes et des femmes de notre temps.

Pierre

Le résilientialisme est un avantage compétitif et durable c'est-à-dire qu'il permet aux hommes et aux femmes de faire preuve de bon sens, d'énergie et de motivation nettement supérieurs et adaptables dans le temps et dans l'espace.

Célestine

Le résilientialisme c'est la philosophie des hommes et des femmes qui font preuve de personnalité à toute épreuve c'est-à-dire de caractère, de conduite et de comportement singuliers.

Hassane

Tu aimeras et tu feras preuve de résilientialisme de tout ton cœur, de toute ton âme, de tout ton esprit et de toutes tes forces. C'est l'un des plus grands commandements de notre temps.

La dimension verticale c'est aimer le résilientialisme de tout son cœur, de toute son âme, de tout son esprit et de toutes ses forces. La dimension horizontale c'est faire preuve de résilientialisme de tout son cœur, de toute son âme, de tout son esprit et de toutes ses forces.

Marie

Heureux les hommes et les femmes qui ont un cœur, une âme et un esprit de résilientialisme, ils ou elles verront tout, ils ou elles découvriront tout et ils ou elles feront tout. C'est la loi et les prophètes

Jean

Le résilientialisme n'est pas une idéologie. C'est une manière de réfléchir, de se comporter et d'agir sans haine, jalousie, ingratitude, avidité, égoïsme, orgueil, angoisse, peur et doute.

Achta

Le résilientialisme est une philosophie de vie qui est gouvernée et influencée par l'amour, l'humilité, la foi et la persévérance en toute chose et en toute circonstance.

Pierre

Qu'on soit croyant ou athée, le résilientialisme est la seule chose qui nous unit dans le temps et dans l'espace. Le résilientialisme nous permet de vivre et de réaliser les choses avec amour, humilité, foi et persévérance.

Célestine

Si nous demeurons toujours dans le résilientialisme et que le résilientialisme demeure toujours en nous, nous pouvons créer, entreprendre et réussir tout ce que nous voulons.

Hassane

Devenir une grande personnalité dans sa vie, ses activités et ses actions, c'est faire preuve de résilientialisme. On tombe, on retombe, on marche sur ses genoux avec le résilientialisme. Si on a foi en ce qu'on cherche et en ce qu'on veut avec le résilientialisme, on aura le dernier mot et la victoire.

Marie

Pour faire de grandes et exceptionnelles choses dans sa vie, ses activités et ses actions, il faut le résilientialisme. La réussite se trouve au bout du résilientialisme et du résilientialisme permanent.

Jean

Je souhaite vivement et honnêtement devenir le prophète du résilientialisme en toute circonstance. Autrement dit, je dois aider les hommes et les femmes de toutes les ethnies, de toutes les religions et de toutes les orientations sexuelles à connaitre, à aimer, à comprendre et à faire preuve de résilientialisme dans leur vie, leurs activités et leurs actions.

Achta

Je demande et je recommande aux hommes et aux femmes de toutes les ethnies, les religions et les orientations sexuelles d'être des apôtres inconditionnels du résilientialisme en toute circonstance. Autrement dit, ils feront tout ce qui est en leur pouvoir pour tirer les hommes et les femmes de leur dogmatisme, de leur fatalisme et de la croyance en la prédestination.

Pierre

Moi je deviendrai le roi du résilientialisme. Autrement dit, dans toutes les compétitions de la vie, je m'imposerai et je triompherai par et avec le résilientialisme. Il s'agit d'inciter les hommes et les femmes de toutes les ethnies, de toutes les religions et de toutes les orientations sexuelles à rendre grâce au résilientialisme et à l'épouser définitivement et durablement.

Célestine

Le résilientialisme est le pilier de tous les métiers, de toutes les professions, de toutes les vocations, de tous les sacerdoces et de toutes les missions.

Hassane

Le résilientialisme est une philosophie de la réalisation de soi par soi, de l'accomplissement de soi par soi, de la foi infinie en soi.

Marie

N'oublions pas que le résilientialisme est durable c'est-à-dire qu'il nous permet de faire des choses, de réaliser des choses et d'accomplir des choses qui vont nous servir, servir les générations présentes et futures. Avec le résilientialisme durable, la dictature de que sert le déluge après moi disparait.

(Ils se saluent, se lèvent et se séparent)

Deuxième Partie

Le résilientialisme est un humanisme

Le dialogue,, la parabole, le poème, le conte et le sketch qui montrent que le résilientialisme est un humanisme.

1. Dialogue

Thomas

Bonjour, comment vas-tu ? Quelles sont les nouvelles de ta famille, de ton école et de ta localité ?

Fatimé

Bonjour, je me porte bien. Dans ma famille, dans mon école et dans ma localité, pour le moment,, les nouvelles sont bonnes et tout le monde se porte bien.

Thomas

C'est une très bonne chose. Tu sais très bien que nous recherchons individuellement et collectivement la sante, la paix et la tranquillité.

Fatimé

La sante, la paix, la tranquillité, j'ajouterai le bonheur c'est-à-dire l'état de parfaite satisfaction sont les choses que nous cherchons et nous demandons quotidiennement.

Thomas

Tu n'es pas sans ignorer que de nos jours, les hommes et les femmes ont perdu le bon sens d'être des citoyens exemplaires et le bon sens du vivre ensemble.

Fatimé

Tu as profondément raison. J'emprunte à Goya cette formule pour dire que l'absence et le sommeil du bon sens de citoyen et du bon sens du vivre ensemble engendrent des monstres dans la société et pour la société.

Thomas

Imaginons qu'il y ait dans la société, des citoyens monstres ou des monstres citoyens et la mauvaise foi du vivre ensemble, nous pouvons déjà cerner par projection que cette société sera l'épicentre de toutes les bêtises citoyennes et les discriminations citoyennes de toutes les couleurs.

Fatimé

La crise sanitaire, économique, sociale peuvent faire en sorte qu'on se retrouve dans une société avec quatre-vingt-quinze pour cent d'hommes et de femmes animés par les bêtises citoyennes et les discriminations citoyennes de toutes les couleurs et cinq pour

cent d'hommes et de femmes qui ont le bon sens du citoyen et le bon sens du vivre ensemble.

Thomas

Je conseille et je recommande aux hommes et aux femmes de toutes les ethnies, de toutes les religions et de toutes les orientations sexuelles de faire preuve de résilientialisme citoyen et de résilientialisme du vivre ensemble. Ce sont les deux solutions magiques pour promouvoir et valoriser le bon sens citoyen et le bon sens du vivre ensemble.

Fatimé

Je suis entièrement d'accord avec toi. Pour moi, chaque citoyen doit avoir toujours faim et soif de résilientialisme citoyen et manger et boire toujours le résilientialisme citoyen.

Thomas

Pour moi, le résilientialisme du vivre ensemble c'est connaitre, aimer et pratiquer la diversité et l'inclusion.

Fatimé

Nous ne pouvons être individuellement et collectivement les modèles et la providence des générations présentes et futures de notre localité et de notre société qu'avec le résilientialisme citoyen, oui le résilientialisme citoyen.

Thomas

Le résilientialisme du vivre ensemble permettra de connaitre, de respecter et d'apprécier les différences d'ethnie, de religion et d'orientation sexuelle dans la vie, les activités et les actions de la société.

Fatimé

Le résilientialisme citoyen consiste à faire cette profession de foi citoyenne : je mets de tout mon cœur, de toute mon âme, de tout mon esprit et de toutes mes forces mes droits, mes devoirs et mon rôle au service de la paix, de la justice et de la prospérité de ma société.

Thomas

Le résilientialisme du vivre ensemble consiste à respecter et à apprécier la diversité et l'inclusion des droits, des devoirs et des rôles des hommes et des femmes de toutes les ethnies, de toutes les religions et de toutes les orientations sexuelles dans la société.

Fatimé

Je te remercie infiniment pour ce dialogue riche en enseignement. Au revoir et prochainement.

Thomas

Nous avons eu un échange des idées de qualité. Au revoir et prochainement.

2. Parabole

Un homme et une femme étaient des citoyens d'une riche localité ou ils vivaient depuis quelques années. Cette riche localité connue une forte crise sanitaire, économique et sociale. Cet homme et cette femme qui connaissaient leurs droits, leurs devoirs et leurs rôles dans cette localité, décidèrent de fuir cette localité, de détester cette localité et de renier cette localité. Ils refusèrent ouvertement d'affronter, de combattre, de vaincre et de surmonter les multiples difficultés quotidiennes de la crise sanitaire, économique, et sociale.

Sur le chemin de leur fuite, cet homme et cette femme rencontrèrent d'autres hommes et d'autres femmes qui se battent pour vaincre et surmonter cette crise sanitaire, économique et sociale. Cet homme et cette femme refusèrent de les saluer, de discuter avec eux, de leur demander conseils et assistances parce qu'ils n'étaient pas de la même ethnie et religion.

Cet homme et cette femme arrivèrent dans une autre localité et se rendirent compte que cette localité traversait la même crise sanitaire, économique et sociale. Cet homme et cette femme ne voulaient pas et ne pouvaient pas vivre dans cette localité, et ne voulaient pas et ne pouvaient pas retourner dans leur localité. Finalement cet homme et cette femme moururent parce qu'ils refusèrent de faire preuve de résilientialisme citoyen et de résilientialisme du vivre ensemble.

3. Poème

Ne nie jamais, ne renie jamais et ne trahit jamais le lieu où tu as réussi ta vie, tes activités et tes actions à cause d'une crise sanitaire, économique et sociale. Mais fais preuve de résilientialisme citoyen.

Ne dénigre jamais, ne rejette jamais et n'exclut jamais les autres quelque soient leur ethnie, leur religion et leur orientation sexuelle, parce qu'il y a une crise sanitaire, économique et sociale. Mais fais preuve de résilientialisme du vivre ensemble.

Le résilientialisme citoyen et le résilientialisme du vivre ensemble doivent gouverner ton cour, ton âme, ton esprit et tes forces dans toutes les crises sanitaires, économiques et sociales.

En dehors du résilientialisme citoyen et du résilientialisme du vivre ensemble, il n'y a pas de patriotisme débonnaire, de responsabilité débonnaire et de solidarité débonnaire.

4. Conte

Il y a longtemps, dans une localité, les hommes et les femmes travaillaient, mangeaient, buvaient, dormaient et voyageaient comme ils veulent et où ils veulent. Il y avait la vie, les activités et les actions de toutes sortes en abondance et en surabondance.

Un jour, les hommes et les femmes de cette localité se réveillèrent et apprirent que leur localité devait traverser et vivre une crise sanitaire, économique et sociale sans précédent. Pendant un mois, c'était la panique générale, des inquiétudes, des soucis et des pleurs. La situation devenait intenable et insupportable dans toute la localité.

Heureusement une femme qui vivait dans cette localité, qui était très attachée à cette localité, qui s'occupait soigneusement de sa vie, de ses activités et de ses actions et qui faisait preuve de beaucoup d'humilité et de solidarité, reçue une miraculeuse révélation et mission. Cette miraculeuse révélation et mission consiste à sensibiliser les hommes et les femmes afin qu'ils fassent preuve de résilientialisme, de résilientialisme citoyen et de résilientialisme du vivre ensemble de tout leur cœur, de toute leur âme, de tout leur esprit et de toute leur force. Cette femme réussi à sensibiliser et à convaincre les hommes et les femmes de cette localité d'adopter le résilientialisme, le resilientialisme citoyen et le résilientialisme du vivre ensemble.

Au lieu de trembler, de paniquer et de pleurer en longueur de journée, c'était le résilientialisme, le résilientialisme citoyen et le résilientialisme du vivre ensemble en longueur de journée. Les mentalités, les attitudes et les comportements de résilientialisme, de résilientialisme citoyen et de résilientialisme du vivre ensemble permirent aux hommes et aux femmes de cette localité de maîtriser et de trouver des solutions compétitives et durables à cette situation.

5. Sketch

(Jean, Achta, Pierre, Célestine, Hassane et Marie rivalisent d'argumentaires sur le résilientialisme est un humanisme)

Jean

En vérité en vérité, on assiste quotidiennement et régulièrement à la deshumanisation des mentalités, des attitudes et des comportements dans notre société. C'est une triste et déplorable réalité. Nous avons perdu et enterré le bon sens de citoyen et le bon sens du vivre ensemble qui nous distinguent largement des animaux.

Achta

Ta remarque est pertinente, légitime et justifiée. La mauvaise foi citoyenne, l'exclusion citoyenne, le non respect de la différence et l'intolérance citoyenne sont devenus la mesure du spectacle de la bêtise humaine, de la barbarie humaine et de la cruauté humaine. C'est une situation désagréable et déshonorable.

Pierre

Se nuire, nuire aux autres et nuire à sa société, se détruire, détruire les autres et détruire sa société, s'ignorer et ignorer les autres et ignorer sa société et se mépriser, mépriser les autres et minimiser sa société sont devenus un malheureux mode de vie.

Célestine

La prise de conscience individuelle et collective doit être la chose la mieux partagée. Cette prise de conscience individuelle et collective s'appelle le résilientialisme humaniste.

Hassane

Le résilientialisme humaniste doit être la raison, la raison d'être et la raison de vivre des hommes et des femmes de toutes les ethnies, de toutes les religions et de toutes les orientations sexuelles dans notre société.

Marie

Le résilientialisme humaniste doit être au cœur de la civilisation humaine et le cœur de la civilisation humaine dans notre société.

Jean

Le résilientialisme humaniste repose sur le résilientialisme citoyen et le résilientialisme du vivre ensemble.

Achta

Le résilientialisme citoyen consiste à répondre à la question : Quels sont les droits, les devoirs et les rôles d'un citoyen dans la vie, les activités et les actions de sa société en toute période.

Pierre

Le résilientialisme du vivre ensemble c'est connaitre, aimer et pratiquer la diversité et l'inclusion. Avec le résilientialisme du vivre ensemble, le respect et l'appréciation de la différence sont la règle d'or et citoyens ne s'élèveront plus contre citoyens, familles ne s'élèveront plus contre famille, ethnies ne s'élèveront plus contre ethnies, religions ne l'élèveront plus contre religions.

Célestine

Le résilientialisme citoyen c'est être responsable de ses droits, de ses devoirs et de ses rôles dans la vie, les activités et les actions de sa société.

Hassane

Le résilientialisme du vivre ensemble c'est savoir apprécier et respecter les droits, les libertés, les cultures, les talents, les compétences et les capacités des hommes et des femmes de toutes les ethnies, de toutes les religions et de toutes les orientations sexuelles.

Marie

Le résilientialisme du vivre ensemble c'est la fraternité, les relations de bienveillance, la solidarité, le respect mutuel, l'ouverture, la cohésion et la cohabitation pacifiques.

Jean

Le résilientialisme citoyen signifie que les droits, les devoirs et les rôles d'un citoyen doivent être des motifs légitimes et légaux de participer a la vie, aux activités et aux actions de sa société.

Achta

Le résilientialisme du vivre ensemble c'est une société de paix durable, d'égalité durable, d'équité durable, de justice sociale durable et de développement durable pour les hommes et les femmes de toutes les ethnies, de toutes les religions et de toutes les orientations sexuelles.

Pierre

Le résilientialisme citoyen signifie qu'en connaissant et en aimant ses droits, ses devoirs et ses rôles, le citoyen fait preuve de précaution dans la vie, les activités et les actions de sa société.

Célestine

Le résilientialisme du vivre ensemble permettra de connaitre, de respecter et d'apprécier les droits, les devoirs et les rôles des hommes et des femmes de toutes les ethnies, de toutes les religions et de toutes les orientations sexuelles dans la société.

Hassane

Le résilientialisme citoyen signifie que le citoyen s'engage et s'implique avec ses droits, ses devoirs et ses rôles de tout son cœur, de toute son âme, de tout son esprit et de toutes ses forces dans la vie, les activités et les actions de sa société.

Marie

Le résilientialisme du vivre ensemble permettra de promouvoir, de valoriser et d'utiliser les compétences des hommes et des femmes de toutes les ethnies, de toutes les religions et de toutes les orientations sexuelles dans la société.

Jean

Le résilientialisme citoyen signifie que nos droits, nos devoirs et nos rôles nous obligent à faire preuve de solidarité dans la vie, les activités et les actions dans notre société, et nous obligent à initier courageusement et sérieusement des innovations dans notre société.

Achta

Le résilientialisme du vivre ensemble rend la civilisation humaine immortelle, invulnérable, robuste, indomptable et résistante malgré les catastrophes et les souffrances de toutes sortes. Nous devons construire et reconstruire la grande muraille du résilientialisme du vivre ensemble dans notre société.

Pierre

Le résilientialisme citoyen est vertical c'est-à-dire le citoyen met ses droits, ses devoirs et ses rôles au service du développement de sa société. Le résilientialisme citoyen est horizontal c'est-à-dire le citoyen met ses droits, ses devoirs et ses rôles au service du développement de sa localité. Le résilientialisme citoyen est transversal c'est-à-dire le citoyen met ses droits, ses devoirs et ses rôles au service de l'épanouissement des hommes et des femmes de toutes les ethnies, de toutes les religions et de toutes les orientations sexuelles de sa société.

Célestine

J'emprunte à Frantz Fanon pour dire que chaque génération est investie d'une mission de résilientialisme du vivre ensemble, soit elle l'accomplit, soit elle la trahit.

Hassane

Le résilientialisme citoyen permet de découvrir la longueur, la largeur, la hauteur et la profondeur de la personnalité citoyenne d'un homme ou d'une femme dans sa localité et dans sa société. Le résilientialisme citoyen nous honore, nous rend hommage et nous décerne la mention excellente dans la vie, les activités et les actions de notre localité et de notre société.

Marie

J'ai la ferme conviction que le résilientialisme du vivre ensemble nous permettra de résoudre individuellement et collectivement l'ensemble des problèmes de la cohabitation et de la coexistence fraternelles, pacifiques et durables.

(Ils se saluent, se lèvent et se séparent)

Troisième Partie

Le résilientialisme socioprofessionnel

Le dialogue„ la parabole, le poème, le conte et le sketch qui parlent du résilientialisme socioprofessionnel.

1. Dialogue

Simon

Bonjour Aminata, comment vas-tu et où vas-tu à cette heure-ci ?

Aminata

Bonjour Simon, je suis heureuse de te rencontrer. Je vais bien et je vais à la bibliothèque pour faire la lecture et la recherche.

Simon

J'apprécie beaucoup ta manière de percevoir et de comprendre les choses agréables et les choses utiles de la vie.

Aminata

Dans la vie, il faut savoir ce qui est agréable et ce qui est utile et il faut savoir joindre l'agréable à l'utile ou l'utile à l'agréable.

Simon

Permets-moi de te dire et de t'informer que la période de crise sanitaire, économique et sociale qui est arrivée va nous faire rentrer dans une période d'instabilité socioprofessionnelle majeure.

Aminata

Les informations de ces derniers jours le montrent amplement ça sera une instabilité socioprofessionnelle volcanique.

Simon

Il faut se préparer individuellement et collectivement pour affronter de façon intelligente, sage et dynamique cette douloureuse situation.

Aminata

Ce qui est sûr et certain, cette instabilité socioprofessionnelle va fortement endommager nos vies physiologiques, nos vies affectives, nos vies d'initiative, nos vies de revenu et de pouvoir d'achat, nos vies intellectuelles, nos vies de précaution professionnelle et nos vies de dialogue social.

Simon

Pour mieux faire face a cette douloureuse situation, il faut avoir un état d'esprit gouverné par le résilientialisme socioprofessionnel.

Aminata

Tu as totalement raison. Pour moi, le résilientialisme socioprofessionnel c'est gérer soigneusement sa vie, ses besoins, ses attentes et ses aspirations légitimes dans les périodes difficiles et complexes.

Simon

Le résilientialisme socioprofessionnel consiste à ne pas sombrer dans le pessimisme socioprofessionnel, les soucis socioprofessionnels et les débordements socioprofessionnels. Mais, il s'agit d'avoir une mentalité, des attitudes et des comportements vertueux et disciplinés.

Aminata

Le résilientialisme socioprofessionnel nous aide à ne pas perdre la raison et le raisonnement, la morale et le moral, la dignité et le courage en période d'instabilité socioprofessionnelle.

Simon

Travailleurs du secteur primaire, du secteur secondaire, du secteur tertiaire voire du secteur informel, soyez unis et faites preuve de résilientialisme socioprofessionnel en période d'instabilité socioprofessionnelle.

Aminata

Je te remercie pour cette merveilleuse conversation intellectuelle. Je dois me rendre vite à la bibliothèque. Au revoir et prochainement.

Simon

J'ai beaucoup appris avec toi. Je te souhaite bonne lecture et recherche à la bibliothèque. Au revoir et prochainement.

2. Parabole

Un homme et une femme avaient la chance de vivre dans une localité où toutes les conditions, les opportunités et les possibilités étaient réunies pour réussir sa vie socioprofessionnelle convenablement.

Cet homme et cette femme réussirent à trouver un bon emploi. Ils avaient un bon revenu et un bon pouvoir d'achat. Ils avaient atteint la satisfaction de tous leurs besoins socioprofessionnels et leur vie socioprofessionnelle était garantie. Pour mieux maîtriser leur vie socioprofessionnelle réussie et aboutie, cet homme et cette femme décidèrent de

faire partie d'une école de philosophie de la vie. Dans cette école de philosophie de la vie, cet homme et cette femme apprirent a faire preuve d'humilité et de courage, d'intelligence et de sagesse, de modestie et de modération dans leur vie, leurs activités et leurs actions.

Deux ans plus tard, cette localité connue une crise sanitaire, économique et sociale qui provoqua une instabilité socioprofessionnelle d'une grande ampleur. Partout, c'était le spectacle de tristesse et de désolation. Cet homme et cette femme et toutes les autres personnes qui appartenaient à cette école de philosophie de la vie, firent preuve d'un résilientialisme socioprofessionnel admirable. A la fin de cette crise sanitaire, économique et sociale, cet homme et cette femme ainsi que les autres personnes devinrent des modèles de résilientialisme socioprofessionnel pour tous les habitants de cette localité.

3. Poème

La vie socioprofessionnelle est faite de hauts et de bas, des moments d'incertitude, des zones de turbulence et des événements désagréables. C'est l'instabilité socioprofessionnelle.

L'ascension socioprofessionnelle est parfois marquée par des crises, des revenus et des pouvoirs d'achat bas, des chômages. C'est l'instabilité socioprofessionnelle.

Nos besoins socioprofessionnels, nos besoins primaires et secondaires ne sont pas normalement, régulièrement et durablement satisfaits dans le temps et dans l'espace. C'est l'instabilité socioprofessionnelle.

Armons-nous et armez-vous jusqu'aux dents de résilientialisme socioprofessionnel pour supporter, vaincre et maîtriser tous les types d'instabilité socioprofessionnelle.

Tous ceux et celles qui connaissent, comprennent et aiment le résilientialisme socioprofessionnel sont et seront les maîtres incontestables et incontestés de leur destin et de leur destinée socioprofessionnels.

4. Conte

Il était une fois, dans une localité, les hommes et les femmes vivaient dans un état de grâce socioprofessionnel exceptionnel. C'était la période de vache grâce dans la vie socioprofessionnelle. L'emploi, le revenu et le pouvoir d'achat étaient la chose la plus facile à trouver. On mangeait, on buvait, on se mariait tous les jours. Les bars, les boites de nuit, les restaurants, les auberges et les hôtels étaient constamment pleins.

Un jour, une terrible crise sanitaire, économique et sociale, précipita la vie socioprofessionnelle des hommes et des femmes dans une grave situation. Quelques mois plus tard, il y eut beaucoup de cas de dépression, de folie, de crise cardiaque, de suicide et de mort subite. Les pavillons d'urgence, les salles de réanimation et les morgues des hôpitaux étaient remplis.

Un jour survint un mystérieux homme qui se place sur la grande place publique de la localité. Cet homme avait les paroles de consolation, d'encouragement et de sagesse. Quelques hommes et femmes qui avaient gardé leur lucide et leur dignité malgré l'instabilité socioprofessionnelle vinrent l'écouter religieusement.. Ils rentrèrent avec le résilientialisme socioprofessionnel dans le cœur, l'âme, l'esprit, les attitudes et les comportements. Ces hommes et ces femmes comprirent qu'ils étaient investis d'une grande mission, celle de reconstruire leur vie, leurs activités et leurs actions socioprofessionnelles et la vie, les activités et les actions socioprofessionnelles dans leur localité.

5. Sketch

(Jean, Achta, Pierre, Célestine, Hassane et Marie abordent avec beaucoup d'enthousiasme la question du résilientialisme socioprofessionnel)

Jean

Nous ne sommes pas sans ignorer que la crise sanitaire, économique et sociale perturbe la vie, les activités et les actions socioprofessionnelles des hommes et des femmes.

Achta

Les hommes et les femmes connaissent quotidiennement, individuellement et collectivement des moments d'instabilité socioprofessionnelle grave.

Pierre

L'instabilité socioprofessionnelle créée l'instabilité morale, matérielle, financière et alimentaire.

Célestine

Imaginons que dans une société, quatre-vingt cinq pour cent des hommes et des femmes qui travaillent dans le secteur primaire, secondaire, tertiaire voire informel vivent dans une instabilité socioprofessionnelle de courte ou de longue durée, nous pouvons déjà appréhender les nombreuses conséquences dans la vie quotidienne.

Hassane

Les hommes et les femmes doivent aujourd'hui et certainement demain affronter, vaincre et surmonter toutes sortes d'instabilité socioprofessionnelle de courte ou de longue durée.

Marie

Les mentalités, les attitudes et les comportements doivent être sereinement prêts.

Jean

Les hommes et les femmes qui travaillent doivent s'attendre a vivre l'instabilité physiologique. En d'autres termes, boire, manger, dormir, se protéger contre le froid, l'orage, la chaleur se feront difficilement. Dans ce cas, il faut faire preuve de résilientialisme physiologique. , Boire, manger, dormir, se protéger contre le froid, l'orage, la chaleur se feront dans la mesure de nos possibilités et des possibilités offertes.

Achta

Les hommes et les femmes qui travaillent doivent s'attendre à vivre l'instabilité affective c'est-à-dire le besoin d'aimer et d'être aimé peut être sérieusement affecté. Dans ce cas, le résilientialisme affectif s'avère la meilleure solution. Aimez ceux ou celles qui vous aiment et tendez la main à ceux ou celles qui vous la tendent.

Pierre

Nous pouvons nous retrouver dans une grande instabilité de l'emploi c'est-à-dire au chômage technique, partiel ou total. Dans ce cas, il faut faire preuve de résilientialisme d'initiative qui consiste à multiplier les idées et les projets compétitifs dans le secteur primaire, secondaire, tertiaire, associatif voire informel.

Célestine

L'instabilité de la rémunération est la pire des choses à supporter car, nous perdons le revenu, le pouvoir d'achat et certains avantages sociaux. Dans ce cas, nous devons faire preuve de résilientialisme du revenu et du pouvoir d'achat c'est-à-dire, nous devons vivre selon nos moyens ou exploiter toutes les aides sociales disponibles dans la société.

Hassane

L'instabilité de la formation peut beaucoup affecter notre savoir, notre savoir-faire, notre faire-savoir, notre savoir-échanger et notre savoir-être dans l'exercice de notre fonction et dans l'accomplissement de nos tâches parce que ceux qui nous emploient n'ont plus de moyens pour nous former ou nous-mêmes nous n'avons plus de moyens pour nous former. Dans ce cas, il faut faire preuve de résilientialisme intellectuel en utilisant les nouvelles technologies de l'information et de la communication pour être suffisamment informe, éduqué et formé.

Marie

L'instabilité de l'hygiène et de la sécurité est la chose qui peut nous arriver en termes d'accidents de toutes sortes dans l'exercice de notre fonction et dans l'accomplissement de nos tâches. Dans ce cas, nous devons faire preuve de résilientialisme de précaution professionnelle en exigeant et en utilisant les nouveaux outils d'hygiène et de sécurité recommandés et disponibles.

Jean

N'oublions pas qu'en période de crise sanitaire, économique et sociale, les partenaires sociaux doivent se préparer à vivre une grande instabilité des relations professionnelles. C'est une période durant laquelle les moratoires des revendications sociales doivent être la chose la mieux acceptée. Dans ce cas, les partenaires sociaux doivent faire preuve de résilientialisme de dialogue social ou de dialogue social résilientialiste. Il s'agit de privilégier les cadres de concertation et de négociation, de différer les moments de revendication sociale et d'utiliser la revendication équilibrée et consensuelle.

Achta

Nous avons toutes les formes de résilientialisme socioprofessionnelle pour combattre et dompter tous les types d'instabilité socioprofessionnelle.

Pierre

Nous répondons de manière efficace et durable et palliative et curative à tous les types d'instabilité socioprofessionnelle.

Célestine

Individuellement et collectivement, le résilientialisme physiologique, le résilientialisme affectif, le résilientialisme d'initiative, le résilientialisme du revenu et du pouvoir d'achat, le résilientialisme intellectuel, le résilientialisme de précaution professionnelle, le résilientialisme de dialogue social ou le dialogue social résilientialiste, nous rendent invulnérables contre toutes les formes de descente aux enfers socioprofessionnels.

Hassane

Le résilientialisme socioprofessionnel est la première et la dernière manière de réfléchir, de se comporter et d'agir socioprofessionnelle contre tous les types d'instabilité socioprofessionnelle.

Marie

Je crois que nous pouvons tous crier alléluia et hosanna au résilientialisme socioprofessionnel.

(Ils se saluent, se lèvent et se séparent)

Quatrième Partie

Le résilientialisme des classes sociales

Le dialogue, la parabole, le poème, le conte et le sketch qui exposent le résilientialisme des classes sociales.

1. Dialogue

Thomas

Bonjour Fatimé, j'ai la chance et l'honneur de te rencontrer aujourd'hui. Comment vas-tu ?

Fatimé

Bonjour Thomas, je vais bien et je suis aussi très heureuse de te rencontrer.

Thomas

Je pense que tu es au courant que notre société est rentrée dans une crise sanitaire, économique et sociale véritablement sérieuse. Les stations de radio, les chaines de télevision, les organes de presse et Internet ne parlent que de ça.

Fatimé

Je suis informée. Il est certain que nous allons vivre des cauchemars, des désillusions et des déceptions sanitaires, économiques et sociaux incomparables.

Thomas

Cette crise sanitaire, économique et sociale impose aux hommes et aux femmes de la classe supérieure, de la classe moyenne et de la classe populaire les mêmes cauchemars, désillusions et déceptions.

Fatimé

Cette crise sanitaire, économique et sociale nous interpelle à changer de modèle de vie, d'activités et d'actions.

Thomas

Je suis entièrement d'accord avec toi. Dorénavant, c'est le résilientialisme des classes sociales qui doit gouverner la vie, les activités et les actions des hommes et des femmes dans notre société.

Fatimé

Le résilientialisme des classes sociales repose sur le principe de la répartition équitable et durable de l'éducation et de la formation, de l'emploi, de la rémunération et des conditions de vie descentes des hommes et des femmes de la classe supérieure, de la classe moyenne et de la classe populaire en situation professionnelle.

Thomas

Le résilientialisme des classes sociales doit aussi reposer sur la solidarité morale, matérielle, alimentaire et financière des hommes et des femmes de la classe supérieure, de la classe moyenne et de la classe populaire.

Fatimé

Nous avons vraiment bien parlé du résilientialisme des classes sociales. J'ai beaucoup apprécié cet intéressant dialogue. Au revoir et prochainement.

Thomas

J'ai aborde avec toi un important sujet. Je te remercie pour ce moment d'échanges. Au revoir et prochainement.

2. Parabole

Deux localités possédaient de nombreuses ressources et étaient très riches.

Dans la première localité, il y avait les hommes et les femmes de la classe supérieure, de la classe moyenne et de la classe populaire. La lutte des classes, l'exploitation, les inégalités sociales, la marginalisation sociale et l'exclusion sociale étaient le modèle de vie, d'activités et d'actions dans cette localité. Lorsque la crise sanitaire, économique et sociale arriva, elle n'épargna personne. Les hommes et les femmes de la classe supérieure, de la classe moyenne et de la classe populaire moururent et leurs activités génératrices de revenus s'écroulèrent.

Dans la seconde localité, il y avait les hommes et les femmes de la classe supérieure, de la classe moyenne et de la classe populaire. Le résilientialisme des classes sociales, la répartition équitable des richesses, le revenu et le pouvoir d'achat équitables étaient le modèle de vie, d'activités et d'actions dans cette localité. Lorsque la crise sanitaire, économique et sociale arriva, les hommes et les femmes de la classe supérieure, de la classe moyenne et de la classe populaire disposaient de ressources morales, matérielles, alimentaires et financières équitables et durables pour la maîtriser. Elle ne fit pas beaucoup de morts et de dégâts et des solutions palliatives et curatives efficaces et durables furent collectivement trouvées.

3. Poème

La lutte des classes a montre son caractère désagréable et inutile. Elle est une aberration, une absurdité et un dérèglement de l'histoire de l'humanité dans tous les temps et dans tous les espaces.

La lutte des classes a jeté les bases de la déshumanisation, de la détérioration, de l'inégalité, des antagonismes des rapports sociaux et des relations de travail.

Aujourd'hui, le résilientialisme des classes sociales humanise et réconcilie la vie, les activités et les actions des hommes et des femmes de la classe supérieure, de la classe moyenne et de la classe populaire.

Le résilientialisme des classes sociales bâti l'histoire de l'humanité sur le principe de la responsabilité et de la solidarité collectives, le sentiment d'appartenance à une humanité collective, l'équité et la justice sociale.

Le résilientialisme des classes sociales est le nouveau, l'authentique, l'efficace et le dernier moteur de l'histoire de l'humanité.

4. Conte

Autrefois, dans une localité vivaient des hommes et des femmes de la classe supérieure, de la classe moyenne et de la classe populaire.

Les hommes et les femmes de la classe supérieure avaient un revenu et un pouvoir d'achat supérieurs qui leur permettaient de satisfaire leurs besoins primaires et leurs besoins secondaires. C'était le bonheur absolu et on n'avait pas le temps pour les soucis et les souffrances des autres.

Les hommes et les femmes de la classe moyenne avaient un revenu et un pouvoir d'achat moyens qui leur permettaient de satisfaire leurs besoins primaires et leurs besoins secondaires. On vivait dans la mesure de ses possibilités et on n'avait pas le temps pour les soucis et les souffrances des autres.

Les hommes et les femmes de la classe populaire avaient un revenu et un pouvoir d'achat médiocres qui ne leur permettaient pas de satisfaire leurs besoins primaires et leurs besoins secondaires. On vivait au jour le jour. On était devenu les disciples du mécontentement social.

Un jour, la crise sanitaire, économique et sociale dévasta la vie, les activités et les actions de cette localité, tua et poussa les hommes et les femmes de la classe supérieure, de la classe moyenne et de la classe populaire au suicide.

Cette localité était devenue un grand champ de ruine. Des hommes et des femmes vinrent d'un autre monde pour habiter et refaire la vie, les activités et les actions de cette localité. Certes, il y avait les hommes et les femmes de la classe supérieure, de la classe moyenne et de la classe populaire, mais ils étaient gouvernés par le résilientialisme des classes sociales.

5. Sketch

(Jean, Achta, Pierre, Célestine, Hassane et Marie évoquent avec une grande motivation la problématique du résilientialisme des classes sociales)

Jean

La crise sanitaire, économique et sociale qui frappe lourdement et massivement notre société nous montre et nous prouve que nous sommes très vulnérables.

Achta

Tu as remarquablement raison. Les hommes et les femmes de la classe supérieure, de la classe moyenne et de la classe populaire sont fragiles.

Pierre

Cette crise sanitaire, économique et sociale montre aux hommes et aux femmes de la classe supérieure, de la classe moyenne et de la classe populaire qu'ils sont tous égaux devant la mort et les problèmes de toutes sortes.

Célestine

La vie, les activités et les actions des hommes et des femmes de classe supérieure, de la classe moyenne et de la classe populaire sont terriblement déstabilisées.

Hassane

Les heures, les jours, les semaines et les mois des hommes et des femmes de classe supérieure, de la classe moyenne et de la classe populaire qui sont dans les villes comme dans les campagnes sont marqués par des ravages incommensurables.

Marie

Si nous ne faisons pas attention, cette crise sanitaire, économique et sociale fera en sorte que dans la classe supérieure, la classe moyenne et la classe populaire, le nombre de cercueils, de tombes, d'entreprises en faillite et de licenciements dépasse le nombre de naissance, de berceau et d'activités génératrices de revenus et d'emplois.

Jean

Face à cette crise sanitaire, économique et sociale, une prise de conscience individuelle et collective s'impose et s'avère incontournable dans la classe supérieure, dans la classe moyenne et dans la classe populaire.

Achta

Je pense que désormais, le moteur de notre société ne doit plus être la lutte des classes. Cette violente crise sanitaire, économique et sociale nous prouve le caractère improductif voire inutile de la lutte des classes.

Pierre

Le moteur de l'histoire de notre société ne doit plus être l'exploitation, la domination et la cupidité effrénées. Les conséquences de la crise sanitaire, économique et sociale sont hautement révélatrices.

Célestine

Le moteur de l'histoire de notre société ne doit plus être une minorité de gagnants et majorité de perdants, une minorité de rassasiés et une majorité d'affamés.

Hassane

Le moteur de l'histoire de notre société ne doit plus être que sert le déluge, la souffrance, la misère et la mort des autres à cote de moi et après moi ?

Marie

Le nouveau moteur de l'histoire de notre société c'est la satisfaction des besoins, des attentes et des aspirations sanitaires, économiques et sociaux des hommes et des femmes de la classe supérieure, de la classe moyenne et de la classe populaire.

Jean

Pour renouveler le moteur de l'histoire de notre société, les hommes et des femmes de la classe supérieure, de la classe moyenne et de la classe populaire doivent faire preuve de résilientialisme des classes sociales.

Achta

Le résilientialisme des classes sociales signifie que les hommes et les femmes de la classe supérieure, de la classe moyenne et de la classe populaire doivent s'entendre pour faire disparaitre toutes les inégalités et les exclusions sociales.

Pierre

Les distinctions sociales, professionnelles et statutaires ne doivent être fondées que sur l'utilité commune.

Célestine

Le résilientialisme des classes sociales signifie qu'il doit régner un savoir-vivre et un savoir-échanger dynamiques et vivants entre les hommes et les femmes de la classe supérieure, de la classe moyenne et de la classe populaire.

Hassane

Le résilientialisme des classes sociales signifie qu'entre les hommes et les femmes de la classe supérieure, de la classe moyenne et de la classe populaire, c'est le savoir, le savoir-faire et le faire-savoir qui doivent triompher.

Marie

Reconnaissons qu'entre les hommes et les femmes de la classe supérieure, de la classe moyenne et de la classe populaire c'est l'esprit de responsabilité, l'esprit de précaution, l'esprit d'engagement et l'esprit de solidarité qui doivent triompher.

(Ils se saluent, se lèvent et se séparent)

Cinquième Partie

Le résilientialisme environnemental

Le dialogue, la parabole, le poème, le conte et le sketch qui expliquent le résilientialisme environnemental.

1. Dialogue

Simon

Bonjour Aminata comment va ta santé ? Pourquoi es-tu soucieuse et inquiète comme ça ?

Aminata

Bonjour Simon, pour l'instant je suis en bonne santé malgré de temps à autre quelques migraines. Je suis inquiète et soucieuse parce que la situation est grave.

Simon

Que se passe t-il Aminata ? Ya t-il n problème dans ta famille, dans ton école, dans ton quartier ?

Aminata

Je le sais, tu le sais Simon et nous le savons notre société est en train de traverser une crise sanitaire, économique et sociale hautement redoutable.

Simon

Je partage vivement ton inquiétude et ton souci. Cette situation nous secoue et nous plonge dans le désespoir absolu.

Aminata

Ce qui est grave, les hommes, les femmes, les entreprises, les multinationales et les Etats vont se retrouver dans des difficultés majeures.

Simon

Je suis convaincu que cette crise sanitaire, économique et sociale va créer un déficit de besoins primaires, de besoins secondaires et de besoins de développement de tous genres.

Aminata

Ton analyse est pertinente. Les hommes, les femmes, les entreprises, les multinationales et les Etats pour combler ces déficits de multiples besoins, vont se mettre à exploiter de manière sauvage et effrénée les ressources environnementales.

Simon

Les forêts,, les faunes, les flores, les fleuves,, les lacs,, les rivières de notre société seront dangereusement et largement détruits.

Aminata

Je prophétise déjà une hécatombe environnementale d'une grande ampleur.

Simon

Nous devons garder espoir en nous appuyant sur le résilientialisme environnemental et en faisant preuve de résilientialisme environnemental.

Aminata

Ah ! Le résilientialisme environnemental, c'est le grand espoir qui vient balayer le terrible désespoir qui m'anime.

Simon

Le résilientialisme environnemental c'est la satisfaction courageuse, modérée, vertueuse, intelligente et sage des besoins primaires, des besoins secondaires et des besoins de développement.

Aminata

Il n y a que le résilientialisme environnemental qui nous sauvera de l'apocalypse environnemental.

Simon

Ce dialogue nous a permis de prendre conscience de la situation de notre société avant et après cette crise sanitaire, économique et sociale. Au revoir et prochainement.

Aminata

Ce dialogue m'a tiré de mon inquiétude et de mon souci pour me montrer le chemin de la confiance. Je te remercie beaucoup, au revoir et prochainement.

2. Parabole

Il y avait dans une localité quatre grandes familles. Ces quatre grandes familles étaient animées d'un appétit, d'une gourmandise et d'une cupidité incommensurables. Ces quatre grandes familles étaient prêtes à satisfaire à tout prix leurs multiples besoins.

Quand cette localité connut une crise sanitaire, économique et sociale, ces quatre grandes familles se rendirent dans une zone où les forêts, les faunes, les flores, les fleuves, les rivières et les lacs étaient soigneusement réservés pour la génération présente et future et exploitèrent et utilisèrent toutes ces ressources environnementales en un temps record.

Avec un appétit, une gourmandise et une cupidité sans limites, ces quatre grandes familles plongèrent cette localité dans une misère environnementale et dans un déficit environnemental irrémédiable.

Ces quatre grandes familles ont préféré l'appétit environnemental, la gourmandise environnementale et la cupidité environnementale et leurs conséquences au détriment du résilientialisme environnemental et ses avantages.

3. Poème

La crise sanitaire, économique et sociale sera pour les personnes physiques et pour les personnes morales un motif légitime pour ravager, acheter et vendre les forêts, les faunes, les flores, les fleuves, les rivières et les lacs.

La crise sanitaire, économique et sociale va réveiller, révéler et montrer l'esprit de gourmandise environnementale, l'esprit de cupidité environnementale et l'esprit d'irresponsabilité environnementale des personnes physiques et des personnes morales.

Le résilientialisme environnemental deviendra la nouvelle école de civilisation environnementale, la nouvelle bibliothèque d'information et de conscientisation environnementales et le nouveau laboratoire d'expérience environnementale des personnes physiques et des personnes morales.

Le résilientialisme environnemental prépare les mentalités, les attitudes et les comportements des personnes physiques et des personnes morales à la réalisation efficace, efficiente, compétitive et soutenable du développement durable.

4. Conte

Jadis, dans une localité, les hommes et les femmes avaient des activités génératrices de revenus et d'emplois dans le secteur primaire, secondaire tertiaire voire informel. Ces activités génératrices de revenus et d'emplois étaient en parfaite harmonie avec les forêts, les faunes, les flores, les fleuves, les rivières et les lacs. Ces hommes et ces femmes respectaient et aimaient la nature et la nature respectait et aimait ces hommes et ces femmes.

Brusquement, la crise sanitaire, économique et sociale entraina la faillite des activités génératrices de revenus et d'emplois de ces hommes et ces femmes. Ces hommes et ces femmes se mirent à chercher des solutions dans tous les sens. Un jour, un gourou du capitalisme sauvage et de mauvaise foi arriva dans la localité, réussit à convaincre ces hommes et ces femmes d'exploiter de manière immodérée et sans pitié les forêts,, les faunes, les flores, les fleuves, les rivières et les lacs afin de relancer leurs activités ou de changer d'activités.

Quelques jours avant la mise en œuvre de la destruction finale et totale des forêts,, des faunes, des flores, des fleuves, des rivières et des lacs de cette localité, le champion de la civilisation environnementale et de la responsabilité environnementale arriva dans cette

localité. Il réunit les hommes et les femmes détenteurs des activités génératrices de revenus et d'emplois dans le secteur primaire, secondaire tertiaire voire informel, les conseilla vivement de faire preuve de résilientialisme environnemental afin de trouver des solutions compétitives et durables. Il fut écouté et suivi. C'est ainsi que le résilientialisme environnemental devint le modèle économique dans cette localité.

5. Sketch

(Jean, Achta, Pierre, Célestine, Hassane et Marie échangent des idées remarquables sur le résilientialisme environnemental)

Jean

Je sens que la crise sanitaire, économique et sociale que nous vivons va créer des dégâts considérables sur l'environnement.

Achta

Tu as bien vu et compris les choses. Les forêts, les faunes, les flores, les fleuves, les rivières et les lacs seront les victimes expiatoires de cette crise sanitaire, économique et sociale.

Pierre

Les hommes et les femmes de notre localité qui possèdent des activités génératrices de revenus et d'emplois dans le secteur primaire, secondaire tertiaire voire informel disent que c'est la nature qui a été faite pour l'être humain et non l'être humain pour la nature.

Célestine

Ce qui veut dire que nous assisterons à l'exploitation abusive, démesurée, immodérée et irresponsable des forêts, des faunes, des flores, des fleuves, des rivières et des lacs de cette localité.

Hassane

Je suis fermement convaincu que les hommes et les femmes de notre localité qui possèdent des activités génératrices de revenus et d'emplois dans le secteur primaire, secondaire tertiaire voire informel vont s'appuyer avec une mauvaise foi déconcertante et une cupidité intempestive et excessive sur les forêts, les faunes, les flores, les fleuves, les rivières et les lacs pour se racheter et renouveler leurs activités.

Marie

Cette crise sanitaire, économique et sociale fera en sorte qu'il y ait plus de monstres affamés de l'environnement que des sauveurs fidèles de l'environnement.

Jean

Une prise de conscience des personnes physiques et des personnes morales s'avère une nécessité absolue.

Achta

Une prise de conscience des personnes physiques et des personnes morales c'est le commencement du résilientialisme environnemental.

Pierre

Le résilientialisme environnemental permet de répondre à cette monumentale et éternelle question : comment faut-il exploiter l'environnement ?

Célestine

Le résilientialisme environnemental consiste à exploiter les forêts, les faunes, les flores, les fleuves, les rivières et les lacs avec l'esprit de discernement, l'esprit de responsabilité, l'esprit de précaution et l'esprit de modération durables.

Hassane

Le résilientialisme environnemental c'est exploiter les forêts, les faunes, les flores, les fleuves, les rivières et les lacs avec une stratégie, des politiques, des objectifs et des moyens intelligents, sages et vertueux.

Marie

Le résilientialisme environnemental permet aux personnes physiques et aux personnes morales de vaincre et de surmonter leur gourmandise environnementale, leur cupidité environnementale et leur mauvaise foi environnementale.

Jean

J'ai une forte et sincère conviction qui est la suivante : c'est le résilientialisme environnemental qui nous permettra de trouver dans les forêts, les faunes, les flores, les fleuves, les rivières et les lacs les remèdes efficaces et durables à cette crise sanitaire, économique et sociale.

Achta

Le résilientialisme environnemental c'est le nouveau modèle de vie, d'activités et d'actions compétitives et durables des personnes physiques et des personnes morales.

Pierre

Le résilientialisme environnemental c'est un savoir-vivre et un savoir-être avec les forêts, les faunes, les flores, les fleuves, les rivières et les lacs.

Célestine

Je pourrai dire ceci : celui ou celle qui n'a pas fait preuve de résilientialisme environnemental dans sa vie, ses activités et ses actions a vécu de manière inutile, médiocre, nulle et idiote.

Hassane

Je souhaite que nous devenions tous dans nos vies, nos activités et nos actions des disciples inconditionnels et fervents du résilientialisme environnemental.

Marie

En vérité en vérité, je souhaite que notre localité devienne aujourd'hui et durablement la terre promise de la pratique du résilientialisme environnemental.

(Ils se saluent, se lèvent et se séparent)

Sommaire

Printed by Books on Demand GmbH, Norderstedt / Germany